10년 후, 자녀에게 물려줄 아름다운 기록

우리 가족이 함께 만들어 가는 이야기

10년 후, 자녀에게 물려줄 아름다운 기록

우리 가족이 함께 만들어 가는 이야기

김유숙 · 박진희 · 최지원 공저

INNER BOOKS 이너북스

머리글

　모든 집에는 문이 있다. 요즘은 대부분의 가정이 아파트에 살기 때문에 평소에는 집마다 다른 문을 가지고 있다는 사실을 실감하지 못한다. 그러나 어쩌다 산책하면서 비슷한 형태의 집이지만 제각각 다른 장식으로 꾸며진 문을 볼 수 있다. 이때 드는 생각은 '저 문들처럼 저 속에서 생활하는 사람들의 모습도 제각각일까?'라는 것이다. 가족에 대해 많은 지식을 가진 전문가이거나 또는 상상력이 뛰어난 작가라 할지라도 대문 안에서 펼쳐지고 있는 저마다 가정의 모습을 정확히 그려낼 수는 없다. 가족은 각기 다른 개성을 가진 사람들이 모여서 저마다의 방식으로 씨줄과 날줄을 엮어 가면서 자신들만의 무늬를 가진 천을 만들어 가고 있다. 그렇기 때문에 원래 가족의 모습은 가족이 힘을 합해 우리만의 무언가를 만들어 가는 신나고 재미있는 곳이어야 한다. 그런데 실제의 많은 가족은 자신들만의 고유한 천을 만들 수 있다는 특권을 포기한 채, 이미 만들어진 기성제품의 천과 닮아 가려고 애를 쓰는 것 같다. 그렇기 때문에 이 책은 자신들만의 무늬를 만들어 간다는 가족 본래의 모습을 잊지 않도록 돕고자 한다.

　그러나 가족 각자의 개성이 강조되고 제각기 바쁜 일정을 소화해 내야 하는 현대 가성에서는 가족이 무엇인가를 함께 만들어 간다는 깃은 쉽지 않은 일이다. 오늘을 살고 있는 현대인의 모습은 각자의 자유로운 생활이 소중하다고 여긴 나머지 사랑하는 가족과 공유하는 시간이 한정되어 있다. 그런데 대다수의 사람은 이런 삶의 형태를 유지하면서도 가족이 함께하지 못한다는 것이 얼마나 심각한 일인지를 이해하지 못하고 있다. 마치 공기가 생명을 유지하는 근원인데도 그 소중함을 잊은 채 살아가는 것과 같다. 공기와 마찬가지로 가족의 경우에도 상실이라는 것을 경험한 후에야 가정이 우리에게 소중하다는 것을 깨닫게 된다. 임상현장에서 '우리 가족은 각자 너무 바빠서 서로 대화를 하거나 돌볼 시간이 없었다.' 고 말하는 가정을 자주 볼 수 있다. 이 책은 가족이 뒤늦은 후회를 하지 않도록 가족 모두가 함께 대화하고, 나누고, 서로를 알아가는 계기를 만들어 주고자 한다.

이 책은 좀 특별하다. 지금까지 출간된 많은 책처럼 지식과 경험을 제공하는 것이 아니다. 이 책의 많은 부분은 빈 공간이다. 우리는 이런 빈 공간에 각 가족의 새로운 세상과 관계를 만들어 가는 다양한 자신들의 이야기로 채워지기를 기대한다. 빈 공간에 이야기를 함께 만들어 가면서 가족들이 자신들만의 개성과 독특함이 묻어난 신선한 무늬의 천을 만들어 가기를 기대한다.

2010년 한스카운셀링센터에서

저자 대표 김유숙

우리 가족이
함께 만들어 가는
이야기

우리 가족이 함께 만들어 가는 이야기

이 책은 _____ 가족의 이야기 책입니다.
_____ 년 _____ 월 _____ 일

안녕하세요? 저희는 한스네 가족입니다. 여러분 가족의 추억 만들기를 도와드릴 거예요.

가족은 참 신비한 모임이지요? 함께 살고 끈끈한 정이 있고 서로 돕는 관계이니까요.

이곳은 가족이 오랫동안 기억하고 싶은 것을 담으며 함께 생각을 나누는 공간이에요.

여행을 할때 어떻게 하나요? 때로는 잠시 쉬면서 여행에서 느낀 것을 정리하기도 하고 기억하고 싶은 것들을 스크랩하고 사진을 들여다보기도 하지요. 아무리 좋은 여행이라도 쉬지 않고 계속 앞으로 나가기만 하면 나중에는 남는 것이 하나도 없지요.

가족과 하는 긴여행도 마찬가지예요. 눈으로는 보이지 않는 가족에 대한 의미, 그리고 사랑을 어딘가에 남기는 것이 중요해요. 때로는 보이지 않는 그 의미가 우리에게는 살아가는 이유가 되기도 하고 힘의 원동력이 되기도 하니까요.

자! 지금부터 출발해요. 이곳을 여행하기 위해서 다른 것은 필요 없어요. 중요한 것은 '가족에 대한 사랑과 생각' 만 가지고 시작하면 돼요.

비밀문을 열어 주는 노트의 위력

Note of Empowermenta

사람들은 우리를 한스가족이라고 불러요. 아빠, 엄마, 여동생과 나(한스) 이렇게 네 식구가 함께 살아요. 할아버지와 할머니도 가까운 동네에 살고 있어요. 엄마와 아빠는 매일 회사에 나가고, 우리도 학교와 학원에 다니느라고 바쁘게 지내요. 사실 우리는 한 집에 살고 있지만 함께 보내는 시간은 그리 많지 않아요.

어느 주말 할아버지께서 우리집에 놀러 오셨어요. 오랜만에 가족이 모두 모인 주말이었지만 아빠는 컴퓨터를 하고 계셨고, 엄마는 빨래며 집안일을 하시느라 분주했어요. 저는 밀린 학원 숙제를 하느라 바빴고, 동생은 피아노 연습을 하고 있었지요. 할아버지는 말없이 각자의 일을 하고 있는 우리의 모습을 한동안 지켜보셨어요. 무언가 한참을 생각하시던 할아버지께서 우리들을 부르시더니 조용히 노트를 하나 건네주었어요. 오래된 책장 속에 꽂혀 있던 이 노트는 왠지 특별한 힘이 있는 것처럼 느껴졌어요. 이 노트는 마치 비밀의 문이 열리면서 내가 알지 못하는 다른 세계로 인도해 줄 것만 같았어요.

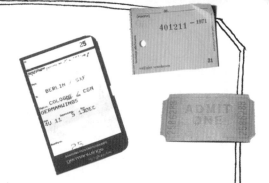

　낡은 노트의 첫 장에는 어린 남자아이가 손가락으로 V 자를 하며 웃고 있
었어요. 뒷장을 넘기자, 애기 옷들의 사진, 낡은 유치원 입학 영수증, 색 바랜
놀이공원 입장권, 처음 타 본 비행기 티켓, 초등학교 성적표, 친구들과 함께
그린 그림 등이 들어 있었어요. 이 노트 속의 주인공이 우리 아빠라고 하네
요. 나와 동생은 아빠가 이렇게 꼬마였다는 게 신기해서 들여다봤어요. 아빠
는 추억에 잠긴 듯한 표정을 지으시다가 동생과 내게 하나하나 설명해 주었
어요. 그리곤 우리에게 새로운 노트를 선물해 주었어요. 물론 우리 가족 이
야기와 추억을 담기 위해서요.

　여러분은 우리가 이 노트를 통해서 어떤 세상을 만나게 되었는지 상상해
볼 수 있나요? 먼저 여행을 해 본 우리가 여러분의 가족 여행을 도와드릴게
요. 우리의 바람은 다른 가족도 이런 특별한 여행을 통해 새로운 가족 모습
을 발견했으면 하는 거예요. 우리는 가족이 이야기를 함께 만들어 가면서 세
상을 바꿀 수 있다고 믿어요.

한스가족 일동

함께 만들어 가는 이야기

우리 가족의 현재

가족이 서로 연결되어 하나가 되어 있다는 것이야 말로 이 세상에서의 유일한 행복이다.

마리 퀴리

가화만사성 [家和萬事成]

가정이 화목해야 모든 일이 잘된다.

가족에 대한 여러분의 생각을 적어 보세요. 그리고 함께 이야기를 나눠 보세요.

가족은 [   ] 다.

네모 안에 무엇을 적어 넣고 싶은가요?

다른 가족은 각각 무엇이라고 적었는지 나눠 보세요. 그리고 가족이 말한 단어들을 모두 모아서 우리 가족이 생각하는 가족은 어떤 것인지 적어 보세요.

_____

_____

_____

_____

_____

_____

_____

_____

가족은 만화경이라고도 하지요. 가족은 고정되어 있는 것이 아니라 상황이나 때에 따라서 달라지고 변할 수 있어요. 가족이란 우리에게 매우 친숙하고 가까운 단어지만 사람마다 생각하는 의미는 달라요. 가족을 자신만의 언어로 표현해 보고 다른 가족과 자신의 생각을 나눠 보았지요?

　　가족을 연구한 버지니아 사티어는 "가족은 모빌이다."라고 했습니다. 가족은 고정되어 있는 것이 아니라 다양한 상황에 따라 변화하고, 모두 함께 영향을 주고받기 때문에 한 사람이 가족 구성원 모두에게 영향을 주고, 또 가족이 개인 구성원에게도 영향을 줄 수 있습니다. 우리는 가족이라는 모빌에 대해 서로가 어떻게 생각하고 있는지 이야기를 나눠 본다면, 각 개인은 독자적인 생활을 하면서도 함께 어울려야 한다는 사실을 깨달을 수 있을 것입니다. 그리고 이런 생각은 가족을 잘 이끌어가는 토대가 될 수 있습니다.

여기는 우리집에요. 몇 명의 가족이 살고 있나요? 대문 앞에 우편함이 보이네요. 그 우편함 위에 가족의 이름을 적어 주세요. 그리고 이 우편함에 적혀 있는 우리 가족을 한 사람씩 소개해 주세요.

가족을 소개하면서 느낀 점

저는 우리 가족을 다른 사람에게 소개하듯 이야기해 본 것은 처음이었어요. 생각과는 달리 참 멋진 가족이라고 느껴지더군요. 내 남편, 내 아이들이라고 생각할 때에는 몰랐던 장점과 특징을 한 사람 한 사람씩 소개하면서 다시 생각하게 되었어요. 모두 닮기도 했지만 참 다른 점도 많은 것 같았어요.

 이제는 집 안으로 들어가 볼까요? 거실에 소파와 탁자가 있네요. 그리고 커다란 액자가 걸려 있어요. 그 액자에는 가훈이 적혀 있고요. 여러분 가족은 어떤 가훈을 가지고 있나요? 부모님과 의논해서 액자 안에 여러분 가족의 가훈을 적어 보세요. 아직 가훈이 없다면 이번 기회에 가족 회의을 하여 가훈을 만들어 보세요.

가   훈

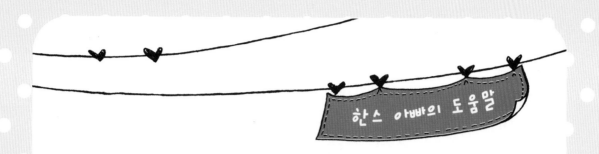

모든 가족이 가훈을 가지고 있지는 않아요. 그렇지만 가훈이 없는 가족도 없답니다. 가훈 자체를 적어 놓지 않았을 뿐이지 가족마다 중요하게 생각하는 이념이나 규칙이 있지요. 이번 기회에 가족이 함께 의논하여 가훈을 만들어 보는 것도 우리 가족만의 새로운 문화를 만들어 가는 계기가 될 거예요.

가족 규칙(family rule)이란 가족이 공개적으로나 암묵적으로 공유하는 규범이나 가치관을 말합니다. 이것은 가족 생활을 이끌어 주고, 가족의 질서를 가져오며, 가족 기능을 잘 유지할 수 있도록 도와줍니다. 그러나 너무 엄격해서 자칫 가족 구성원의 자유와 개성을 무시하거나 강제한다면 서로에게 도움이 되지 않습니다. 따라서 어느 정도의 유연성이 필요합니다. 또한 가족이 서로 동의하여 규칙을 만들고, 이를 공개적으로 나누는 과정이 필요합니다. 그렇게 되면 가족의 권리를 보호하면서 가족이라는 울타리를 안전하게 느끼며 자발적으로 규칙을 따를 수 있습니다.

평상시에 가족끼리 사진을 많이 찍나요? 사진은 아름다운 기억을 오래토록 저장할 수 있는 방법 중 하나예요. 그러니까 우리는 사진을 통해 여러 가지 추억을 간직하게 되지요. 우리 가족의 아름다운 기억을 담고 있는 사진첩을 열어 보세요. 그리고 가족이 함께 의논하여 우리 가족을 가장 잘 표현한 사진을 골라 보세요. 어떤 점이 가장 마음에 드나요? 선택한 사진을 아래의 액자 속에 넣어 주세요.

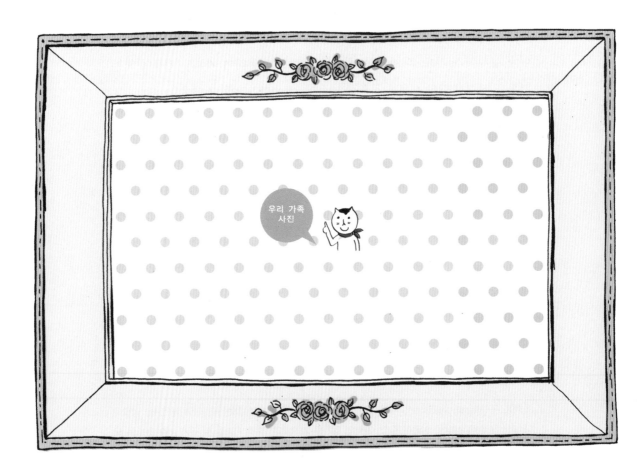

한 장의 사진을 선택하기가 어려웠나요? 가족마다 서로 고른 사진이 다를 수 있어요. 각자 어떤 이유로 사진을 선택했는지 이야기를 나눠 보세요.

요즘은 문명의 혜택으로 성능이 좋은 카메라가 등장하면서 사진을 찍은 후 그 자리에서 보고, 지우거나 편집해 버립니다. 사진을 현상해 사진첩에 넣어 두는 경우는 거의 없습니다. 사진첩은 단순히 사진을 보관하는 것이 아니라, 잊혀진 추억을 떠올리게 하는 역할을 합니다. 사진첩을 꺼내 보고 기억을 떠올려 이야기를 나누는 것은 서로의 기억 속에서 가족의 중요성을 재음미하고 경험을 공유하는 중요한 과정입니다. 가족은 이 과정을 통해 다시 서로를 만나고, 소통하며, 사랑을 표현할 수 있습니다.

여성잡지에서 이번 달 '행복한 가족' 이라는 코너에서 우리 가족을 소개하겠대요. 액자 속의 사진과 함께 가족을 소개해 달라고 하네요. 여러분은 가족 이야기가 어떻게 실렸으면 좋겠어요? 잡지에 넣을 기사를 한번 직접 써 보세요.

'행복한 가족'에 대한 가족 각자의 이미지는 조금씩 다를수 있어요. 행복한 가족에 대한 가족의 생각을 나누다보면 공통점과 차이점을 알 수 있을 거예요. 이 같은 경험은 서로를 더 가까이 알게 될 것입니다. '행복한 가족'이 되기 위해서 서로가 노력할 수 있는 것은 무엇인지 이야기를 나눠 보세요.

여러분은 지금까지 가족에 대한 소개를 글로 표현했어요. 이번에는 다른 방법으로 가족을 소개해 볼까요? 아래의 원에 가족을 표현할 수 있는 방법은 여러 가지가 있어요. 두 가지만 소개해 볼까요.

🎁 각 가족마다 어울리는 색깔을 선택해서 원 안에 그리고 싶은 곳를 선택하여 그리고 싶은 도형으로 그려보세요.

🎁 각 가족의 이미지에 어울리는 동물이나 꽃을 잡지에서 오려 원 안에 붙여 보세요.
이 밖에 가족과 함께 의논해서 다른 방법으로 표현해도 좋아요.

이렇게

💜 그림으로 표현해 보니까 느낌이 어떤가요?

_____

_____

_____

💜 나는 어떤 이유로 그 색깔이나 그림을 골랐나요?

_____

_____

_____

우리 뇌는 많은 정보를 함축적으로 저장하기 위해 이미지로 저장한다고 합니다. 그만큼 이미지는 언어보다 더 많은 정보를 담고 있습니다. 이미지를 통해 가족을 이해하는 것은 많은 말로 설명하는 것보다 쉽고 많은 정보를 줄 수 있습니다. 각 가족이 느끼는 이미지를 주고받으며 서로가 서로를 어떻게 느끼고 있는지, 왜 그렇게 느끼는지, 그런 이미지에 만족하는지, 어떤 이미지로 기억되기를 바라는지에 대해 이야기를 나누는 것이 유익합니다.

💜 가족과 함께 이야기를 나누어 보세요.

_____

_____

_____

여러분은 이제부터 방송국 리포터예요. 지금부터 할 일은 엄마 아빠를 인터뷰하는 거예요. 엄마와 아빠에게 어떤 질문을 하고 싶은가요?

여기는 방송국 작가가 리포터인 여러분에게 준 질문지예요.
질문이 끝나면 이번에는 역할을 바꾸어 엄마 아빠가 리포터가
되어서 자녀들에게 질문해 보세요.

가장 좋아하는 꽃은 무엇인가요?

가장 좋아하는 음식은 무엇인가요?

가장 받고 싶은 선물은 무엇인가요?

가장 가고 싶은 곳은 어디인가요?

어릴 적 꿈은 무엇이었나요?

가장 행복했던 적은 언제인가요?

세 가지 소원이 있다면, 그것은 무엇인가요?

가장 친한 친구는 누구인가요?

화가 날 때는 어떻게 해결하나요?

세상에서 제일 귀한 것은 무엇이라고 생각하나요?

자신의 몸에서 가장 마음에 드는 부분은 어디인가요?

가족끼리 사랑한다는 표현을 충분히 하고 지냈나요?

가족에게 미안했던 점과 고마웠던 점은 무엇인가요?

이 질문들을 토대로 자녀 리포터들은 가족 앞에서 인터뷰 결과를 설명해 주세요. 그리고 이 소개를 들은 가족도 서로의 소감을 말해 주세요.

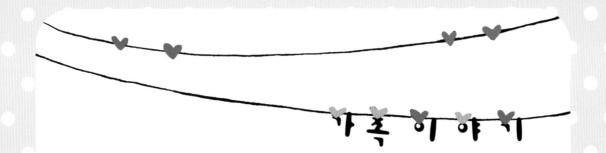

가족 이야기

버지니아 사티어는 '건강한 가족이란 서로를 양육하는 가족' 이라고 말했습니다. 서로에게 이야기하고, 이야기를 들어주면서 자신들이 가치 있고 사랑받는 느낌을 주고받는다는 것입니다. 인터뷰를 통해 서로에게 이야기할 기회를 주고, 귀와 마음을 열고 이야기를 충분히 들어주며 수용하는 것이 중요합니다. 사소한 내용이라도 귀담아 들으면서 서로를 인정하는 연습이 필요합니다. 이처럼 돌봐주는 느낌을 주고받는 것은 가족으로서 서로에게 해 줘야 하는 기본적인 자세입니다.

오늘은 가족의 별명을 지어 주세요. 가족 전체의 별명, 그리고 가족 한 사람 한 사람의 별명을 만들어 보세요.

♥ 우리 가족의 별명은 [   ] 입니다.

아빠의 별명은
_____

엄마의 별명은
_____

내 별명은
_____

동생의 별명은
_____

_____

왜 이런 별명을 붙였나요? 이야기를 나누고 이를 적어 보세요.

_____

_____

_____

_____

_____

_____

별명을 지어 주는 것은 서로의 개성과 독특성을 인정하고 수용한다는 의미입니다. 많은 사람은 가족은 닮은 점이 많아야 친근하고 좋다고 생각합니다. 그러나 가족은 서로의 개별성을 인정하면서 그 안에서 조화롭게 살아가는 것이 이상적이라고 알려져 있습니다. 이렇게 별명을 지어 주고, 별명으로 이름을 불러 줌으로써 각자의 특성을 인정하면 친근감도 느낄 수 있습니다.

한스 엄마의
도움말

호호호, 글쎄 우리 아이들이 저보고 '깔깔 마녀'라고 하더라고요. 내가 아마도 잘 웃으면서도 평소에 마녀처럼 잔소리를 하는 모습을 표현한 것 같아요. 어떻게 그렇게 재치있는 별명을 지었는지……. 엄마라고 부를 때보다 뭔가 자유롭고 젊어진 기분이 들기도 했어요. 깔깔 마녀? 제가 깔깔 마녀같나요?

어떤 날을 선택해서 아침부터 저녁까지 어떤 일을 하는지 가족의 일과를 적어 보세요. 각자의 일과를 따로 적어 보며 서로의 생활을 바라 보세요.

평일의 하루

년   월   일 (요일)

오전 6:00			
오후 12:00			
오후 6:00			
오후 9:00			

주말의 하루　　　　　　　　　　　　　년　　　월　　　일 (　　요일)

오전 6:00

_____

_____

오후 12:00

_____

_____

오후 6:00

_____

_____

오후 9:00

_____

_____

_____

전에도 이렇게 살고 있다는 것을 알고 있었나요? 일과표에서 같은 점은 무엇인가요? 그리고 다른 점은 무엇인가요? 가족이지만 서로의 일과표는 매우 다르죠. 함께 보낼 수 있는 시간은 언제이며, 이 시간에 무엇을 하면 좋을지 함께 의논해 보세요.

함께 살고 있는 가족이지만 서로의 생활 패턴은 달라요. 특히 각자가 속한 환경과 사회집단 안에서 맡은 역할과 책임이 모두 다르죠? 그만큼 서로의 생활을 존중해 주는 것은 매우 중요한 것 같아요.

가족치료자인 보웬(Bowen)은 지나치게 서로 밀착되어 서로의 경계가 없이 융해된 가족을 '서로의 자아가 한 덩어리로 뒤엉켜 있는 가족'이라고 언급하면서, 이는 건강하지 못하다고 했습니다. 이런 가족은 지나친 친밀감과 배려/개입으로 불안을 유발하고 개인의 건강한 독립을 저해한다고 합니다. 즉, 가족이란 집합체가 건강하려면 개인의 독립성도 어느 정도 인정해 주어야 한다는 것입니다. 따라서 이런 활동을 통해 개별성을 인정해 줌과 동시에 가족으로서의 공동체를 위해 함께할 수 있는 시간을 찾는 노력이 이루어져야 합니다.

여러분은 영화를 좋아하나요? 우리 가족이 최근에 재미있게 본 영화는 무엇인가
요? 그 영화에 대해 서로 소감을 나눠 보세요. 만약 최근에 같이 본 영화가 없다
면, 각자 가장 흥미롭게 본 영화에 대해서 서로 이야기를 나눠 보세요.

이번에는 이곳에 함께 본 영화 티켓이나 영화 홍보지를 붙여 보세요. 극장이 아니고 집에서 비디오나 DVD를 봤나요? 그래도 좋아요. 함께 본 영화에 관해서는 뭐든지 상관이 없어요. 이곳에 붙여 주세요.

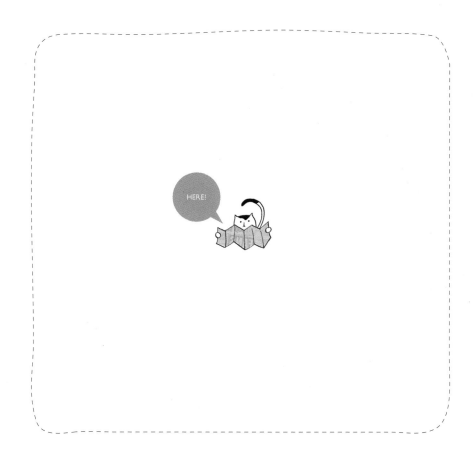

우리 주변에서 흔히 볼 수 있는 쓸모없어 보이는 전단지나 티켓 종이도 때로는 아주 중요한 자료가 되기도 해요, 어떤 경우는 엄청 비싼 값으로 경매가 되기도 해요. 가치란 것은 원래부터 가지고 있는 것이 아니라 새롭게 만들어 가는 거예요. 유명한 가수가 첫 번째로 열었던 콘서트의 티켓이 박물관에 전시되기도 하지요. 여러분이 이 책에 담는 가족의 소중한 기억이 지금은 아무런 의미가 없는 종이처럼 보여도 후에는 커다란 선물로 되돌아올 거예요.

여러분은 여행을 좋아하나요? 가족 여행 중에 기억나는 것이 있나요? 그 여행에 대한 기억을 떠올려 보세요. 그리고 그 여행과 관련된 사진을 붙이거나 그림을 그려 보세요.

　가족을 연구한 사람들은 가족은 경험을 공유하는 장소라고 말합니다. 가족이 서로 잘 지내려면 함께하는 경험 속에서 서로를 표현하고 이해하며 서로에 대한 사랑과 소속감을 느낄 수 있어야 합니다. 그만큼 가족이 모두 함께 무언가를 경험한다는 것은 큰 의미가 있다는 것입니다. 가족이 다양한 경험을 함께할 수 있도록 다양한 기회를 마련하는 것이 중요합니다.

여러분 기억에 엄마나 아빠가 힘들어하셨던 적이 있나요? 그때 여러분은 어떤 생각을 했나요? 지금부터 힘들어하는 엄마와 아빠에게 해 주고 싶은 이야기나 메시지를 써 보세요. 어떤 말을 적고 싶은가요?

_____

_____

_____

_____

_____

_____

_____

가족의 고난은 어떤 시각으로 바라보냐에 따라 달라질 수 있습니다. 고난을 통해 가족의 결속을 다지고 서로에 대한 지지와 헌신을 주고받으면서 서로의 중요성과 감사함을 느끼게 하는 측면도 있습니다. 이렇듯 고난과 위기를 새로운 기회로 바라보는 것은 문제의 재정의 (reframing)라고 합니다. 과거의 어려웠던 시절에 대한 기억 속에서 겪었던 고난을 떠올려 보고, 그 안에서 서로에게 도움이 되었던 점들에 대해 이야기를 나눈다면, 자녀들은 고난과 역경을 새롭게 바라볼 수 있는 시각을 배울 수 있을 것입니다.

앞으로 가족이 함께하고 싶은 활동을 생각나는 대로 모두 적어 보세요.

만약 지금까지 함께했던 활동이 충분하지 않은 가족이라면 앞으로의 미래를 함께 그려볼 수 있습니다. 함께하고 싶은 활동을 생각하는 과정에서 서로의 바람과 함께한다는 것의 의미를 새겨보는 것은 과거의 경험을 떠올리는 것 못지않게 중요합니다. 또한 함께 분명하고 구체적인 가족의 목표를 설정하는 것은 건강한 가족의 첫걸음이기도 합니다.

FAMILY

우리 가족이 최근에 함께 다녀온 장소의 티켓이나 전단지를 붙이고 이 날의 일기
를 써 보세요.

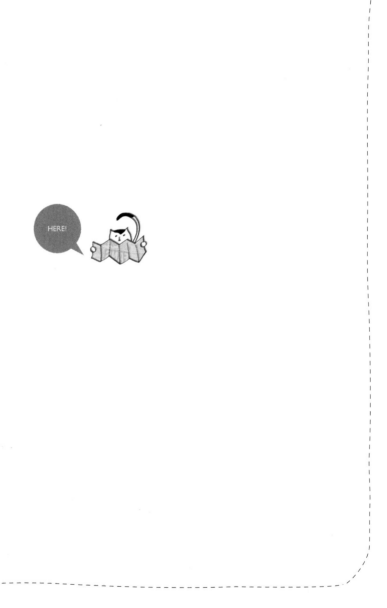

20 ⬦ 년 ⬦ 월 ⬦ 일(⬦ 요일)

요즘은 자녀교육을 위해 다양한 체험활동이 많이 제공되고 있습니다. 그런 활동을 한 후에 자신의 생각이나 느낌을 나눠 보는 것은 경험을 자기 것으로 만드는 활동 못지않게 중요합니다. 이렇게 내면화(internalization)하는 과정을 통해 새로운 경험에 대한 진정한 학습이 이뤄지고, 개인적인 생각이 성숙하게 됩니다. 즉, 누구나 느끼고 체험하는 공통된 과정이 아니라 우리만의 경험, 나만의 경험을 만들어 가는 것이 필요합니다.

타임캡슐을 아시나요? 사람들은 누군가에게 중요한 것을 물려주고 싶어 해요. 그래서 오랜 시간이 흘러 추억이 담긴 것들을 하나하나 되짚어 볼 수 있도록 상자 안에 여러 가지 물건을 담아 소중히 보관하지요. 우리 가족만의 타임캡슐을 만들어 봐요. 지금부터 10년이 지나도 기억하고 싶은 물건을 찾아보세요. 어떤 것들이며, 이유는 무엇인가요? 이곳에는 공연이나 박물관, 영화관 티켓, 기차표나 지하철 표 혹은 다양한 체험학습 표 등을 붙여 보세요.

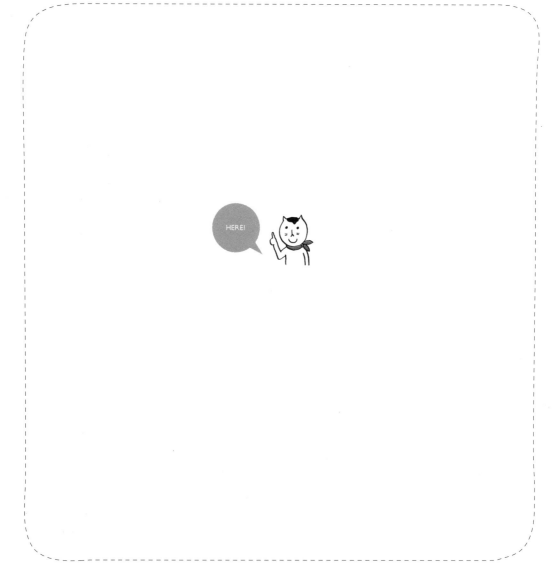

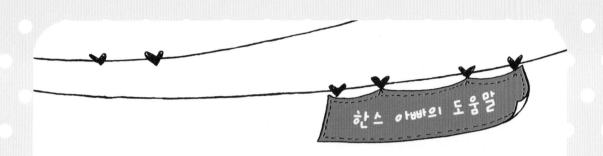

　타임캡슐(TIME CAPSULE)은 후세에 남길 자료를 넣어 지하 등에 묻어 두기 위한 그릇을 말해요. 피라미드나 고대 왕의 분묘(墳墓)가 수천 년 전의 문화를 오늘날에 전하는 구실을 한 것처럼 현대의 문명과 생활을 미래를 위해 보존할 목적으로 고안된 것이죠. 최초의 타임캡슐은 1939년 뉴욕 만국박람회 때 웨스팅하우스일렉트릭이 출품한 길이 2.3m, 굵기 15cm인 어뢰형(魚雷形)의 통 모양의 것이었다고 해요. 150m의 지하에 묻었지요. 통은 '큐펄로이'라고 하여 부식에 견딜 수 있도록 강철·크롬·은의 특수합금으로 만들었어요. 내부는 열에 강한 규산유리로 둘러싸서 질소를 넣은 뒤, 각종 일용품과 금속·화학섬유·공업 재료·곡물·서적·백과사전·사전·회화(繪畵)·신문 등의 마이크로 필름과 뉴스영화 등을 넣어 두었다고 해요.

　이것은 서기 6939년에 개봉될 예정이라고 하네요. 그뒤 1965년 뉴욕 세계박람회, 1970년 일본 만국박람회에서도 제작되었으며, 우리나라에서는 1985년 중앙일보사에서 창사 20주년을 기념하기 위하여 남산 서울 타워 옆 지하 15m 깊이에 매설하였다고 해요. 2485년 개봉할 예정으로 어뢰형이며, 길이는 230cm, 외경 35cm, 내경 33cm이라고 해요. 소장품은 모두 466점으로 실물·모형·마이크로필름·비디오테이프 등이라고 하네요. 우리 가족만의 타임캡슐에는 어떤 것들을 넣고 싶은가요?

이러한 활동을 통해 가족 구성원 각자가 어떤 것을 중요시 여기고 있는지, 개인만의 가치와 의미를 발견할 수 있습니다. 아무리 하찮은 것이라고 해도 그것에 대해 상대방이 가지고 있는 추억과 의미를 들어보며 서로의 마음을 알아갈 수 있습니다. 또한 일상 속에서 느끼지 못했던 사소한 것에 대한 중요성을 느끼는 경험이 되기도 합니다.

가족이 서로를 알아가는 방법은 여러가지예요.

사진이나 엽서, 편지 등을 통해서,

또 이어져 내려오는 가족 간의 이야기와

직접적인 친교활동을 통해서 알아갈 수 있어요.

그중 가장 중요한 것은 서로 마주하며 대화

를 통해 감정과 생각을 전달하는 진솔한

의사소통이라고 해요.

대화를 통해 멀게만 느껴졌던 할아버지 할머니와의 친밀한 관계를 경험

하고 더불어 엄마, 아빠의 어릴 적 이야기를 통해

새로운 면을 알아가는 과정은 유익해요.

이런 것을 통해 가족은 내가 알지 못하는 선조들로부터 이어지는 것이며,

우리는 한 뿌리에서 왔다는 결속감을 가질 수 있어요.

함께 만들어 가는 이야기

우리 가족의 과거

가정과 가정생활의 안전과 향상이 문명의 중요 목적이요, 산업의 궁극적 목적이다.

C. W. 엘리엇

자식 길러 봐야 부모 은공 안다.

부모가 되어 봐야 비로소 부모의 은공을 헤아릴 수 있다는 의미다.

가족나무를 꾸며 보세요. 땅에 지탱하고 있는 뿌리는 나무의 근원으로 가족으로 말하면 우리의 선조들이에요. 그리고 나무의 기둥은 우리의 부모님들이에요. 나무에서 여기저기로 뻗은 가지들은 우리의 가깝고 먼 친척들이 되지요. 나무에 탐스럽게 달려 있는 열매들은 바로 우리들이에요. 지금의 열매가 달리기까지 오랜 역사가 있었군요. 각각의 칸에 이름이나 직업, 어떤 성격인지를 적어 보세요.

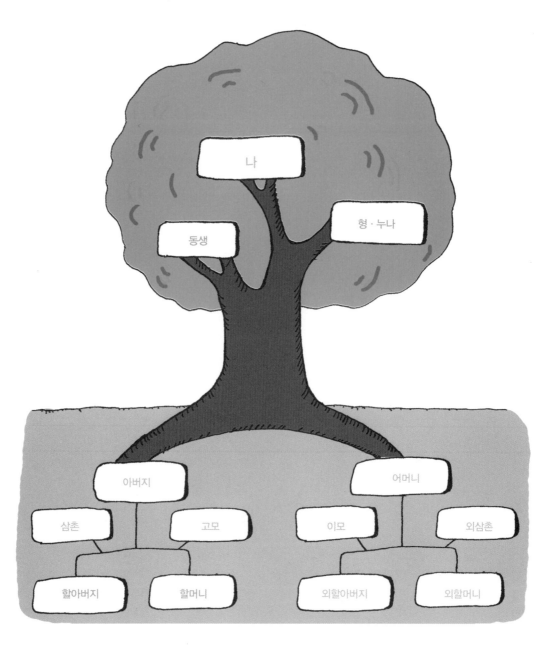

　가계도(genogram)란 3세대 이상의 가족관계를 도표화한 것입니다. 가계도를 그리면 가족의 중요
한 정보를 한눈에 볼 수 있어서 가족 역사에 대한 다양한 정보를 제공받을 수 있습니다. 가계도 안
에서 가족의 특성이 어떻게 전해 내려 오는지, 출생 순위에 따라 어떤 성격과 유사성이 있는지, 보
이지 않는 갈등은 없는지, 부모의 갈등에 희생된 자녀는 없는지 등을 파악할 수 있습니다. 이렇듯
공간과 시간을 통해 가족문제를 추적하는 것은 가족의 정서적인 문제를 재해석하게 돕고, 정상화시
킬 수 있으며, 역동을 파악하게 하는 데 도움이 됩니다. 우리 가족의 가계도를 그려 보면서 가족의
중요한 사건(예를 들어, 출생, 결혼, 사망, 이혼 등)과 연령, 직업과 성격 등 개별적이고 특징적인 정보를
함께 파악할 수 있습니다. 이 과정에서 가족의 새로운 측면을 발견할 수 있을 것입니다.

우리 가족은 몇 분의 할머니와 할아버지가 계신가요? 할머니 할아버지를 만나서 뜻 깊은 사진 하나를 받아 오세요. 중요한 자료로 남기고 싶다는 뜻을 밝히고 사진을 달라고 해 보세요. 어떤 사진인가요? 할머니나 할아버지에게 그 사진이 어떤 사진인지 이야기를 들어보세요. 그리고 들은 이야기를 나머지 가족과 함께 나눠 보고 이곳에 그 사진을 붙여 보세요.

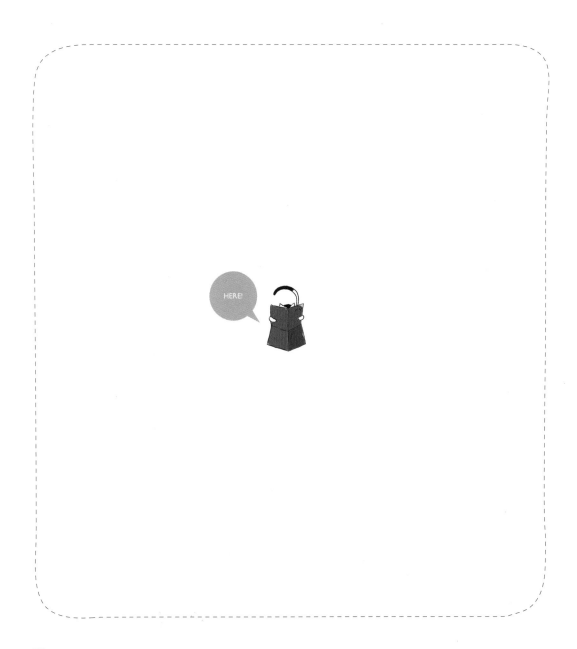

한스아들티   "히히. 저기 엄마에 안겨 있는 남자아이가 우리 아빠래요.
정말 귀엽죠? 나랑 닮은것두 같구요. 할머니 할아버지가 우리 엄마 아빠
처럼 젊은 시절이 있었네요. 정말 신기하죠?"

동생티   "저 사진을 찍는 날 삼촌은 너무 울어서 사진관에서 1시간
이나 있어야 했대요. 삼촌은 나보러 울보라고 하시더니 정말 울보는 삼촌
이었네요, 호호호."

가족의 뿌리를 찾고, 가족 전체를 조명해 보는 것은 자신의 근원을 알게 하고, 자신이 혼자가 아니
라 많은 가족 구성원 안에 소속되어 있다는 소속감을 줌으로써 심리적 안정감을 가져올 수 있습니다.

할머니 할아버지에게 가서 인터뷰를 해 보세요.

"할머니, 할아버지…… 엄마 아빠의 어릴적 이야기를 듣고 싶어요. 엄마 아빠의 어릴 적 모습과 생활에 대해서 이야기해 주세요."

인터뷰를 해 보았나요? 이제는 인터뷰한 내용을 엄마 아빠에게 말해 보세요.

할머니 할아버지와 함께 공원에 가 보세요. 가서 무엇을 했나요? 함께한 일을 적어 보거나 그림으로 그려 보세요.

할머니 할아버지와 함께 시장에 가서 물건을 사 보세요. 어떤 것들을 함께 샀나요?

_____

_____

_____

_____

할머니 할아버지와 함께 산책을 가서 경험하고 나눈 것을
적어 보세요.

_____

_____

_____

_____

_____

_____

_____

대가족에서 핵가족화되면서 자신의 부모나 조부모에 대해 잘 알지 못하고 자라는 자녀들이 많아졌습니다. 자녀들에게 자신의 뿌리와 다양한 가족관계 속에서 자신의 위치 등을 알게 하는 것은 가족이라는 소속감과 연대감을 강화하고, 정서적으로 안정감을 줄 수 있습니다. 또한 개인주의적인 성향보다 타인과의 관계 속에서 자신을 바라보게 됩니다. 서로서로 영향을 주고받고 순환될 수 있음을 이해하면서 관계의 폭을 넓혀 주는 역할을 할 수 있습니다.

이제는 엄마 아빠에게 할머니와 할아버지는 어떤 분이셨는지 물어보세요. 여러분은 할머니 할아버지에게 고마워하는 점이 있나요? 함께 이야기를 나눠 보세요. 이것을 통해서 여러분은 무엇을 배웠나요? 할머니 할아버지의 가장 좋은 점을 찾아보세요. 그리고 엄마 아빠가 각자의 할머니와 할아버지에게 고마워하는 것은 무엇인가요?

이제는 엄마 아빠에 대해 알아보기로 해요. 엄마와 아빠는 어릴 적에 어떤 놀이와 책, 만화를 좋아했었는지 물어보세요. 그리고 이곳에 적어 보세요. 여러분이 좋아하는 놀이와 책, 만화와 공통점이 있나요? 다른 점이 있다면 무엇인가요?

엄마와 아빠의 형제나 자매, 친척들에 대해서 얼마나 알고 있나요? 그분들 가운데 자주 만나는 사람이 있나요? 그분들에게 우리 엄마 아빠에 대해 물어보고, 그분들이 들려준 이야기를 적어 보세요.

엄마 아빠의 젊은 시절의 사진을 붙여 보세요.

아빠

엄마

 엄마와 아빠는 어떻게 만나서 결혼했는지 물어보고 적어 보세요.

_____

_____

_____

_____

_____

_____

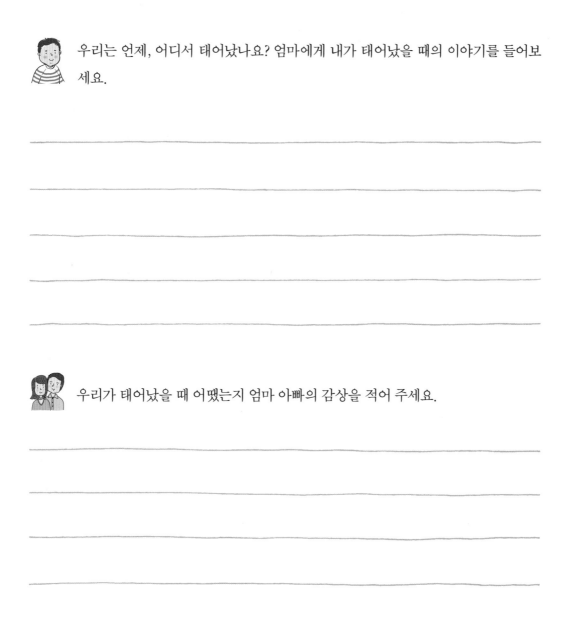

우리는 언제, 어디서 태어났나요? 엄마에게 내가 태어났을 때의 이야기를 들어보세요.

_____

_____

_____

_____

우리가 태어났을 때 어땠는지 엄마 아빠의 감상을 적어 주세요.

_____

_____

_____

_____

자녀들이 자신이 부모로부터 환영받으며 태어났고, 부모의 사랑과 기대 속에서 성장했다는 점을 인식하는 것은 긍정적인 자아존중감(self-esteem) 형성에 매우 중요한 역할을 합니다. 자녀를 임신했을 때, 출산 시, 양육하면서 느꼈던 긍정적인 감정과 생각, 수고를 구체적으로 말해 주는 것은 자녀의 심리적 안정감 형성에 기여할 것입니다. 그리고 이것은 부모와 자녀관계를 더욱 돈독하게 만들어 줄 수 있습니다.

우리의 어릴 적 사진을 연대순으로 붙여 주세요.

과거의 모습을 보고 어떤 느낌이 들었나요?

우리를 키우면서 가장 기억나는 사건을 엄마 아빠가 적어 주세요.

엄마 아빠가 적은 내용을 보고 여러분은 어떤 느낌이 들었나요?

인간의 성장 발달을 연구한 에릭슨은 인간은 태어나서 노인이 될 때까지
사회적인 관계 속에서 지속적으로 발달한다고 했어요. 자녀들과 부모의
발달과정에 따라 어떤 변화가 있었는지 이야기해 보세요.

연 령	심리사회적 단계	중요한 사건과 사회적 영향
출생~1세	신뢰 대 불신	양육자가 영아의 요구를 잘 들어주고 잘 반응해 주면 세상을 믿을 수 있고 의지할 수 있는 사람이 가득찬 안전한 곳으로 믿고 기본적인 신뢰감을 형성한다.
1~3세	자율성 대 수치감	아동은 '스스로 먹고, 입고, 걷고, 자신의 위생을 돌보는 행동'을 통해 자신의 능력을 믿고 자율감을 획득한다. 만일 이런 행동을 지나치게 통제한다면 아동은 자신의 능력을 의심하고 수치심을 느끼게 된다.
3~6세	주도성 대 죄의식	아동은 큰 아이로 행동하려고 하고, 자신의 뜻대로 행동하려고 하여 부모나 다른 양육자와 마찰을 갖게 된다. 이때 안전함 속에서 아이의 의지를 시험하고 도전해 볼 수 있도록 허락한다면 아이는 주도성을 획득하게 된다. 균형잡힌 해결책은 아이의 주도성을 계속 유지하며 타인의 권리나 목표를 침해하지 않는 것을 학습하는 것이다.
6~12세	근면성 대 열등감	이 시기는 주로 학령기 시기로 중요한 사회적·학업적 기술을 배우게 된다. 충분히 근면하고 열심히 노력한다면 자신에 대한 근면성과 충성심을 획득하고, 그렇지 않을 경우 열등감을 가져온다. 이때 중요한 사람은 가족보다 교사와 또래친구들이다.
12~20세	정체감 대 역할 혼돈	청소년 시기에는 자신의 정체감에 대한 질문과 탐색에 주력한다. 이 시기에 자신에 대한 개념과 선호도, 가치관, 사회적·직업적 역할 등을 고민해 보면서 정체감을 형성하게 되고, 만일 이에 실패할 경우 정체감의 혼란을 경험하게 된다. 이 시기에는 또래친구들의 영향이 매우 중요하며, 가장 중요한 사람들이 된다.
20~40세 (성인기 초기)	친밀성 대 고립감	강력한 우정을 만들고, 친밀감을 느끼며 사랑과 동료애를 경험하게 되는 시기다. 이 때 중요한 인물은 연인, 배우자, 친한 친구들이 된다.
40~65세 (성인기 중기)	생산성 대 침체감	자신의 직업이 생산적이 되고 가족을 부양해야 하는 과정이다. 이러한 생산성은 문화적으로 규정이 된다. 이때 중요한 사람은 배우자, 자녀, 문화적 규준이 된다.
노년기	자아통합 대 절망감	자신의 삶을 돌아보며 일생을 의미 있고 생산적이고 가치 있다고 느낀다면 통합감을 느끼게 된다. 만일 여러 경험이 일치되지 않고 인생의 목표를 달성하지 못했다고 느끼면 절망으로 가득찬 후회를 하게 된다.

할머니 할아버지께서 이 세상을 떠나시기 전에 우리에게 꼭 주고 싶은 메시지는 어떤 것일까요? 할머니와 할아버지에게 이야기를 듣고 이곳에 적어 보세요. 할머니와 할아버지가 직접 써 주셔도 좋아요.

_____

_____

_____

_____

_____

_____

_____

_____

_____

_____

할머니 할아버지의 인생 경험을 통한 소중한 이야기는 손자들에게 매우 가치 있는 선물이 됩니다. 일상 속에서 이런 이야기는 잔소리로 여겨지기도 하지만 의식(ritual)을 통해 공식적으로 삶의 가치를 전수받는다는 느낌을 주어 자녀들과의 끈을 이어주고, 숙연하게 의미를 되새길 수 있는 기회를 줄 수 있습니다. 이런 전수과정을 통해 가족의 긍정적인 규칙과 의식이 전달될 수 있고, 그 의미가 새겨지는 것은 가족이라는 유대감을 강화하고, 자녀들의 자긍심을 높여 주며 지혜로움을 배울 수 있는 좋은 기회가 될 수 있습니다.

FAMILY

엄마 아빠가 어릴 적 놀던 곳에 가서 함께 사진을 찍어 보세요. 엄마 아빠가 어떤 놀이를 하며 놀았는지 들어보고, 지금 우리의 놀이와 비교해 보세요.

추억을 돌아보는 것은 부모 자신에게나 자녀들에게 긍정적인 영향을 줄 수 있습니다. 기억 속의 추억을 표현하는 방법은 이야기를 통해 언어적으로 전해질 수도 있지만 직접 그 공간에 다시 돌아가 경험해 볼 수도 있습니다. 그리고 그것을 사진으로 기록해 둔다면 시각적·감각적으로 느끼며 예전의 추억을 다시 재경험하고, 새로운 추억을 창조하는 의미를 갖게 됩니다. 자녀들 또한 현재의 부모의 모습 이외에 시간을 초월해 부모들도 자신들과 유사한 시기에 비슷한 경험을 했다는 것을 알게 되면 부모에 대한 친근감을 느끼며 동질감을 얻을 수 있습니다. 이것은 서로를 이해하고 수용하게 되는 좋은 소통의 기회가 됩니다.

할머니 할아버지와 함께 오래토록 기억하고 싶은 물건이나 선물이 있으면
적어 보거나 사진을 찍어 붙여 주세요.

🌷 우리 가족이 강점이 많은 가족인 것을
새롭게 발견했군요.

🎁 이런 강점을 가지고 여러분은 앞으로 어떤
가정을 만들고 싶은가요?

🌹 그렇게 하려면 무엇이 필요한가요?

🌰 여러분도 나중에 할아버지와 할머니가 되
겠지요. 그때쯤 가서 우리 자녀와 손자들에게
가족에 대해서 어떻게 설명해 줄 수 있을까요?

함께 만들어 가는 이야기

우리 가족의 미래

가정은 사람이 '있는 그대로'의 자기를 표시할 수 있는 장소다.

A. 모루아

[가정은 꾸미지 않은 편안한 모습의 가족 구성원을 수용할 수 있어야 한다는 의미다.]

가정이란 어떠한 형태의 것이든 인생의 커다란 목표다.

J. G. 홀랜드

[가정이란 누구에게나 중요한 가치가 될 수 있다는 의미다.]

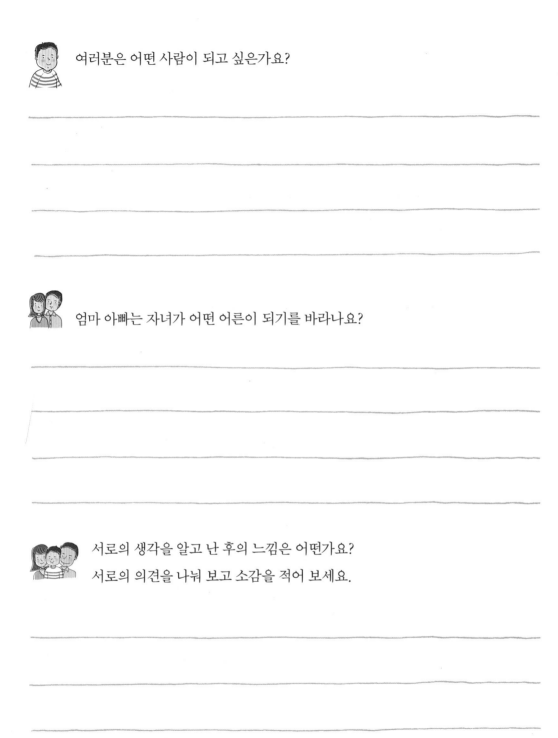

여러분은 어떤 사람이 되고 싶은가요?

엄마 아빠는 자녀가 어떤 어른이 되기를 바라나요?

서로의 생각을 알고 난 후의 느낌은 어떤가요?
서로의 의견을 나눠 보고 소감을 적어 보세요.

여러분은 어떤 직업을 갖고 싶은가요? 왼쪽에 그림으로 표현해 보세요. 그리고 그 직업을 갖기 위해 무엇을 준비해야 하며 필요한 것들은 무엇인지 엄마 아빠와 이야기를 나눠 보세요.

되고 싶은 나

필요한 것들

여러분은 어떤 여자/남자 친구를 만나고 싶나요? 엄마 아빠와 이야기해 보고, 그 이야기를 이곳에 적어 보세요.

자녀의 이성교제를 연구한 학자들은 이성교제가 성장에 있어 중요한 의미를 지닌다고 합니다. 이성교제는 자녀가 사회인으로서 기대되는 성인 남녀의 역할 수행을 미리 준비하는 단계에서 상호 작용을 통해 다양한 역할을 배우고 경험을 쌓아간다는 의미를 지닙니다. 이성과 친숙해지는 가운데 이성에 대한 적응력이 생기고, 일반적인 생활에서도 자연스럽고 성숙한 대인관계 기술을 습득하게 됩니다. 또한 오락적인 요소는 생활의 흥미와 의미를 갖게 하고 활력을 가져올 수 있습니다. 친밀한 상호작용 속에서 자신의 행동이 타인에게 어떤 영향을 주는지, 타인의 행동이 어떤 의미인지에 대해 이해할 수 있게 됩니다. 자신과 타인에 대한 이해가 깊어지면서 자신의 감정과 욕구를 조절할 수 있게 됨으로써 사회생활에 적응할 수 있는 능력을 키워 줄 수 있습니다. 건강하고 다양한 이성교제를 경험한 자녀는 실제 배우자 선택에 있어서 자신과 인격적으로 잘 어울리는 배우자를 선택할 수 있다고 합니다.

이번에는 엄마 아빠가 자녀에게 알려 주고 싶은 놀이나 활동을 적어 보세요. 가능하다면 자녀와 함께 이 활동을 해 보고 느낌을 적어 보세요.

우리 엄마 아빠의 자랑을 해 보세요 .

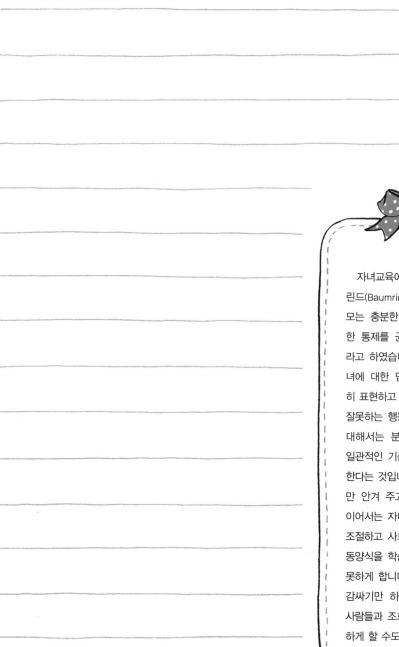

자녀교육에 대해 연구한 바움
린드(Baumrind)는 바람직한 부
모는 충분한 애정과 함께 적절
한 통제를 균형있게 하는 부모
라고 하였습니다. 즉, 평소에 자
녀에 대한 믿음과 사랑을 충분
히 표현하고 지지하지만, 자녀가
잘못하는 행동이나 모르는 것에
대해서는 분명한 한계를 긋고
일관적인 기준으로 훈육을 해야
한다는 것입니다. 지나치게 사랑
만 안겨 주고 과도하게 허용적
이어서는 자녀가 자신의 행동을
조절하고 사회적으로 적절한 행
동양식을 학습하는 것을 배우지
못하게 합니다. 즉, 자녀를 너무
감싸기만 하면 자기중심적이고
사람들과 조화롭게 어울리지 못
하게 할 수도 있다는 것입니다.

엄마나 아빠를 보면서 닮고 싶은 점이 있었나요? 반대로 닮고 싶지 않은 모습이 있었나요? 그런 모습을 떠올리면서 나는 어떤 엄마나 아빠가 되고 싶은지 적어 보세요.

여러분에게 자녀가 있다고 상상해 보세요. 그 자녀가 어떤 아이였으면 좋을까요? 예를 들어, 아이가 좋아하는 것은 무엇이며, 어떤 놀이나 음식을 좋아하는지 상상해 보세요.

여러분은 어떤 사람이 되고 싶나요?

여러분이 좋아하는 어른들을 만나서 이야기를 들어보세요. 그
분들이 어떤 이야기를 해 주시는지 적어 보세요.

내가 자라 어른이 되면 어떤 집에서살고 싶은가요? 그런 집의 사진을 찍어 오거나 자료를 찾아서 붙여 보세요.

이 집의 특징은 무엇인가요?

_____

_____

_____

_____

본받고 싶은 인물의 사진을 붙이거나 그려 보세요.

그 사람에게 어떤 질문을 하고 싶나요? 왜 그런 질문을 했나요?

이제부터는 부모님들이 자녀에게
주고 싶은 선물의 장이에요.

각 신체부위에 자녀가 스무 살이 되었을 때의 특징을 적어 보세요.
자녀가 어떤 모습이나 개성을 가지기를 바라나요?

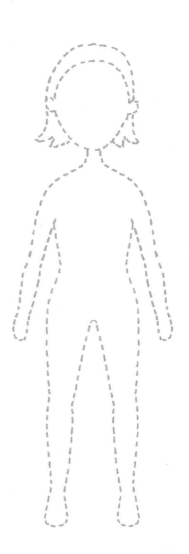

엄마가 자녀에게 주고 싶은 레서피(요리비법)를 적어 주세요.

아빠가 자녀에게 주고 싶은 가치관, 그리고 어른이 되기 전에 꼭
해야 할 일 20가지를 적어 주세요.

우리 한스가족은 이 여행을 하면서 달라진
점이 있어요.
가족에 대한 의미를 새롭게
깨달았을 뿐 아니라 서로에 대해
더 많이 알게 되었지요. 더구나 함께
추억을 만들었다는 점은 결코 잊을 수 없을
거예요. 우리는 이 기억들을 오래도록 간직하고 싶어졌어요.
그래서 이 책자는 나중에 내가 어른이 되어 부모님과 떨어져
살게 될 때도 소중한 보물로 간직할 거예요.
정말 큰 유산을 얻었다고 생각해요.

For You

가족이 함께
만들어 갈 수 있는
기억 창고

가족이 함께할 수 있는 의미 있는 활동을 소개합니다.

1. 가족 일기 쓰기

가족일기를 써 보는 것은 아이들에게 현재를 어떻게 보존하는가를 가르칠 수 있는 재미있고 단순한 방법입니다. 나이가 들면서 이것을 읽는 즐거움은 이루 말할 수 없습니다. 매일 또는 일주일에 몇 번씩 가족이 돌아가면서 몇 줄씩 일기를 써 가는 것입니다. 그림을 그려도 되고 낙서를 하듯 끄적여도 상관이 없습니다. 하루에 일어난 여러 가지 일을 여러 가족이 써 내려간 이 일기는 다가올 시간 앞에서 매우 가치 있고 소중한 가족의 유산이 될 것입니다.

2. 우리 집 사진 찍기

현재 우리 가족이 살고 있는 집을 사진으로 찍어 보세요. 우리가 사는 집은 주택일 수도 있고 빌라일 수도 있고 아파트일 수도 있습니다. 사람들은 다양한 집에서 살고 있고 건물의 색깔이나 집 안 모양도 모두 다릅니다. 가족마다 4장씩 사진을 찍어 보는 것입니다. 물론 사람은 들어가지 않고 집 안팎을 찍어 보는 것입니다. 이것들은 나중에 자신들이 속했고 추억을 가졌던 공간과 방, 거실, 부엌 등을 기억해 내도록 돕는 좋은 도구가 됩니다.

3. 가족 유니폼

가족이 함께 입을 수 있는 같은 색깔과 디자인의 셔츠를 구입하는 것입니다. 또는 하얀색 티셔츠에 그림을 그린 후 가족의 이름을 적어 특별한 우리 가족만의 셔츠를 만들 수도 있습니다. 가족 유니폼은 가족 행사 때 입을 수 있을 뿐 아니라 함께 입고 기념으로 사진을 찍어 둘 수도 있습니다. 유니폼은 소속감을 주는 역할을 합니다.

4. 우리집 모노폴리-게임판 만들기

초등학교에 다니는 아이들은 가족끼리 보드게임 하는 것을 좋아합니다. 특히 땅을 사고 팔며 영역을 넓혀 가는 모노폴리형 보드게임은 아이들이 좋아하는 게임 중 하나입니다. 아이들과 함께 우리집의 보드게임을 만들어 해 볼 수 있습니다. 말은 집 안에서 자신들이 가장 좋아하는 물건을 하나씩 골라 넣는 것으로 가능합니다. 보드판을 만드는 것이 어렵다고 여겨지면 기존의 보드판 위에 색종이만 붙여서 만들 수도 있습니다. 도시의 이름도 우리 가족에게 익숙한 지명으로 바꾸어 가격을 선정할 수 있습니다. 예를 들면, 우리가 사는 동네가 가장 비싼 지역으로 지정할 수 있습니다. 이 보드게임은 평생을 두고 가족에게 기념이 되는 게임이 될 것이고 자손들에게 물려 줄 수도 있는 가보가 될 수도 있을 것입니다.

5. 얼마나 크고 있을까요

아이들은 매년 놀라운 속도로 키가 자랍니다. 특별히 집 안에 키를 재는 자나 줄자가 없어도 상관없습니다. 아이들 방 벽 구석에 아이들이 자라는 것을 연필로 표시를 해 주세요. 아이들은 부모에게 가끔 생각날 때마다 자신의 키를 재어서 그려 달라고 부탁할 것입니다. 옆에 작은 글씨로 날짜를 적어 본다면 더 의미가 있습니다. 이런 표시를 깨끗한 벽지에 해야 하는 것이 주저되는 부모가 있다면 깨끗하고 우아한 방보다는 아이들에게 의미와 따뜻함을 안겨 주는 방이 훨씬 더 좋다는 것을 기억하면 좋을 것입니다.

6. 도시락을 싸서 운동 경기를 보러가기

축구나 야구 혹은 농구 어떤 경기라도 좋습니다. 자신이 좋아하는 팀이 있다면 더할나위없이 좋은 기회입니다. 아이들과 함께 운동 경기를 보러 갑니다. 운동 경기가 끝난 후 즐거운 식사시간을 가질 수 있다면 더욱 좋습니다. 아이들은 단순해 보이는 이런 여행을 기억하고 즐기며 또 하자고 요구하게 될 것입니다.

7. 여행일지

요즘은 주말마다 가족끼리 여행을 가는 경우가 많습니다. 모든 여행에 대해서 일지를 쓴다고 하면 부담스럽지만 특별한 기억을 나누고 공유하고 싶다면 일 년에 한두 번 쯤은 여행일지를 아이들과 함께 만들어 보는 것은 의미가 있습니다. 아이들에게 직접 글을 쓰게 하거나 가장 기억에 남는 것들을 사진과 함께 글로 작성하도록 격려합니다. 이러한 것들을 기억에 오래토록 남을 뿐더러 아이들의 창의력에도 도움이 됩니다. 맛집 기자처럼 갔었던 식당과 음식에 대해 평을 써 보는 것도 아이들은 좋아합니다.

8. 대학교 탐방기

아이들과 함께 서울 시내에 있는 대학을 다녀 봅니다. 대학의 역사에 대해서도 이야기해 주고 대학의 유래에 대해서도 알려 주면 아이들이 자신들의 꿈을 꾸고 계획하는 데 보다 구체적이 될 수 있습니다. 대학을 방문할 때 기념품을 사거나 아니면 대학에서 나오는 유인물이나 책자 혹은 학보를 받아서 스크랩을 하게 하는 것도 좋습니다. 아이들이 정보를 모으고 자신의 미래를 구체적으로 설계하는 데 도움이 됩니다.

9. 세상의 모든 직업 목록 만들기

세상이 진화하면서 우리 주변에는 더욱 다양한 직업이 생겨났습니다. 그리고 앞으로는 살아가면서 직업을 최대 5번 정도는 바꿔야 할 정도로 세상이 빨리 변화하고 있다고 말합니다. 세상에 존재하는 다양한 직업을 아이들과 함께 조사해 보는 것입니다. 처음부터 어렵게 하기보다는 친척이나 주변의 가까운 지인들의 직업부터 조사하여 그에 대한 목록표를 만들어 가면 좋습니다. 직업의 이름과 하는 일, 준비해야 하는 과정, 꼭 필요한 인성이나 자질 등을 표로 만들어서 노트에 적어 가면 내가 원하는 일뿐 아니라 다른 사람들의 사는 방식에 대해서도 이해할 수 있게 됩니다.

10. 발렌타인 데이나 화이트 데이, 빼빼로 데이를 기념하기

중요한 기념일이나 아이들이 좋아하는 날을 잊지 않고 챙겨 주는 것은 아이들의 눈높이에 맞춰서 사랑을 표현하는 가장 효과적인 표현법입니다. 평상시 초콜릿이나 달콤한 과자를 제한했었다면 이런 날 다양하게 조금씩 담아 포장하여 아이들에게 선물로 주면 아이들은 그 어떤 선물보다도 기뻐합니다. 그리고 아이들은 의외로 이런 선물을 오래 기억합니다.

11. 도서관 탐방기

요즘은 지역 동네의 도서관들이 좋은 시설을 갖추고 있습니다. 도서관에 가서 책을 빌린다면 그냥 책을 빌려 읽고 돌려주는 것이 아니라 책의 목록을 적고 표지 사진을 찍어 붙이거나 책의 줄거리를 간략하게 적어서 보관해 둡니다. 아이들은 자신의 지나간 발자취를 소중하게 생각하여 읽었던 책도 다시 읽어 보고 싶은 마음이 생기게 됩니다.

12. '자랑거리 차트' 만들기

자랑거리 차트를 만들어서 냉장고에 커다랗게 붙여 둡니다. 아이들에게 자랑거리가 생기면 함께 적어 갑니다. 큰 도화지나 달력 뒷장을 사용하면 좋습니다. 굳이 스티커를 붙이지 않아도 아이들은 자신들의 자랑거리가 냉장고에 붙어있다는 것만으로도 기뻐하고 계속적으로 와서 새로운 자랑거리를 써 달라고 요청하게 됩니다. 아이들이 스스로 자랑이라고 생각하는 것들이 무엇이 있는지 잘 들어보면 자녀양육에 도움이 됩니다.

13. 의형제나 의자매 맺기

요즘은 국내외의 다양한 기관에서 실시하는 의형제나 의자매 맺는 프로그램이 많이 있습니다. 다른 나라의 아이들을 사랑으로, 경제적으로 양육하는 프로그램을 통해서 우리 아이들이 간접적으로 나누며 사는 것을 배우게 됩니다. 선진국의 부호들은 엄청난 재산을 기부와 구호에 사용하고 있는데, 이런 정신들이야말로 사람을 심리적으로 풍성하게 만들어 줍니다. 우리 자녀들을 진정한 리더로 만들어 주고 싶다면 이런 의형제 의자매 맺는 프로그램을 통해서 편지도 쓰고 경제적으로 함께 도와주면서 더불어 사는 세상을 알게 해 주는 것이 필요합니다.

14. 고아원이나 장애인 시설 탐방기

아직도 가까운 이웃에 고아원이나 장애인 시설이 있다는 것을 모르고 사는 사람들도 많이 있습니다. 자녀들과 함께 이런 기관을 방문해 보는 것도 바람직합니다. 그리고 집에 와서 함께 느낀 점을 나누며 경험을 정리하는 것이 필요합니다. 이를 통해 어린 자녀가 자신이 처한 환경에 대해 감사하고 살아야 한다는 것을 느끼게 할 수 있습니다.

15. 함께 간식 만들기

　　호떡이나 도넛 혹은 케이크나 쿠키, 셔벗 등을 아이들과 함께 만들어 봅니다. 아이들은 자신들이 만드는 과정에 동참했다는 이유만으로 식욕이 왕성해지고 자신들이 만든 것을 좋아합니다. 아이들은 작은 것에 만족하고 기뻐할 줄 아는 특별한 재주가 있습니다.

16. 촛불만 켜고 저녁 식사하기

　　어떤 날은 촛불만 켜고 밥 먹는 날을 정해 봅니다. 전기의 소중함도 알게 되지만 아이들이 차분한 식사 예절에 대해서도 배우게 됩니다. 그리고 다른 때보다 보다 진지하고 의미 있는 대화를 나눌 수 있는 이점도 있습니다.

17. 편지쓰는 날

　　이메일이나 휴대전화 문자같은 문명의 이기 때문에 사람들은 좀처럼 편지를 쓰지 않습니다. 하지만 역시 사람의 마음을 움직일 수 있고 오랫동안 기억에 남는 것은 편지만큼 좋고 효과적인 것은 없습니다. 자신의 마음과 글씨체가 그대로 드러나는 편지를 쓰는 날을 정합니다. 그리고 친구나 가족 중 자신이 편지를 쓰고 싶은 대상을 정한 후 부모와 함께 편지를 씁니다. 편지지나 봉투도 가족의 특성대로 만들어서 사용할 수도 있습니다.

18. 나무 심기

나무는 반드시 식목일에 심을 필요는 없습니다. 집 앞 마당 작은 공간이나 화분, 아파트 화단에 작은 묘목 하나를 심고 지속적으로 물을 주면서 나무가 자라나는 것을 보게 하면 자녀의 정서활동에 도움이 됩니다. 아이들은 생명의 신비를 느끼게 되고 자신들이 자라는 것처럼 나무의 성장을 보면서 신나합니다. 그리고 자녀가 나무에 이름을 붙이도록 격려하는 것도 중요합니다.

19. 고요한 숲에 가서 침묵 연습하기

산이나 숲에 가서 한동안 말하지 않고 서로 조용히 자연을 느끼는 연습을 하는 것도 좋은 경험입니다. 오랫동안 기계와 전자파에 시달려 왔던 우리는 침묵에 두려움과 불안을 느끼기도 하지만 반면 그 활동을 하는 순간 엄청난 마음의 고요를 느끼게 됩니다. 자녀들이 침묵의 시간을 배울 수 있다면 그들의 인성발달에 도움이 될 것입니다.

20. 목소리 녹음하기-생일 잔치 혹은 좋아하는 노래 부르기

동영상이나 사진을 많이 찍으시지요? 그렇지만 세상이 디지털화되면서 아날로그가 주는 즐거움과 기쁨을 누리지 못하는 때가 많습니다. 아이들은 동영상도 좋아하지만 자신들의 목소리만 녹음되는 것에 신나합니다. 노래를 부르는 모습이나 책을 읽는 것 같이 아이들의 목소리만 녹음기에 담아 봅니다. 이 목소리는 아이들이 자라나는 것을 확연하게 보여 주는 단서이기도 합니다.

21. 한 해의 마지막 날을 함께 보내기

우리는 한 해의 마지막 날과 새해에 큰 의미를 둡니다. 단순한 시간의 연장일 뿐이지만 시간은 우리로 하여금 새로운 다짐도 하게 만들어 주고 계획도 짜게 도와줍니다. 한 해를 정리하면서 자녀들과 일 년을 돌아보며 한 해 동안 기쁘고 감사했던 사건들이나 사람들을 돌이켜보고 왜 그런지에 대해서 이야기를 나누고 적어 봅니다. 그리고 새해에는 어떤 계획과 포부를 가지고 있는지에 대해서도 이야기를 나눕니다. 계획은 지켜야만 하는 것에 의미가 있는 것이 아니라 꿈을 가질 수 있다는 것만으로도 아이들의 사고가 넓어지는 큰 배움의 계기가 됩니다.

10년 뒤에
배달되는 비밀 편지

10년 뒤에 배달되는 비밀 편지

매일 얼굴을 마주보며 이야기하는 가족이지만 편지로 마음을 전달한다면 더욱 의미가 있겠죠? 만일 그 편지가 10년 후에 배달된다면 편지를 받았을 때의 감동은 매우 클것입니다. 부모가 자녀에게 편지를 써서 다음 장에 있는 봉투에 넣어 풀로 봉인한 후 마지막 장에 편지를 붙여 주세요. 내용의 길이는 짧거나 길어도 상관없습니다. 10년 전 부모와의 만남을 통해 부모의 사랑을 다시금 느끼게 하는 의미가 더 소중합니다.

점취선

받는 사람

받는 사람

Stamp
here

받는사람

보내는사람

Stamp

절취선

절취선

절취선

절취선

절취선

10년 뒤에
배달되는 비밀 편지

이곳에 완성된 편지를 붙여 주세요.

저자 소개

김유숙
일본 동경대학교 의학부 석·박사학위(임상심리전공)
가족치료 슈퍼바이저, 가족상담 지도감독자, 놀이치료 교육전문가,
모래놀이치료 지도감독자
현 서울여자대학교 교육심리학과 교수

박진희
서울여자대학교 교육심리학과 박사과정 수료
아주대학교병원 정신과 임상심리수련과정 수료
임상심리전문가, 정신보건임상심리사 1급

최지원
서울여자대학교 교육심리학과 박사과정 수료
아주대학교병원 정신과 임상심리수련과정 수료
정신보건임상심리사 2급, 상담심리사 2급, 치료 레크리에이션 전문가

우리 가족이
함께 만들어 가는 이야기

2010년 9월 10일 1판 1쇄 인쇄
2010년 9월 20일 1판 1쇄 발행

지은이 | 김유숙 · 박진희 · 최지원
펴낸이 | 김진환
펴낸곳 | (주)학지사 · INNER BOOKS 이너북스
    121-837 서울특별시 마포구 서교동 352-29 마인드월드빌딩 5층
    대표전화 • 02)330-5114 팩스 • 02)324-2345
등 록 | 2006년 11월 13일 제313-2006-000238호

홈페이지 | http://www.innerbooks.co.kr
커뮤니티 | http://cafe.naver.com/hakjisa

ISBN 978-89-92654-39-5 03370

정가 8,000원

인터넷 학술논문 원문 서비스 **뉴논문** www.newnonmum.com

※ 이너북스는 학지사의 자매회사입니다.